Arthur BUTAYE

ET

Georges BEGEREM

Avocats au Barreau d'Ypres

LOI

sur la protection

contre les " Indésirables "

AVANT-PROJET

⁕ 1918 ⁕

Arthur BUTAYE

ET

Georges BEGEREM

Avocats au Barreau d'Ypres

LOI

sur la protection

contre les " Indésirables "

AVANT-PROJET

※ 1918 ※

Loi de protection
contre les " Indésirables "

EXPOSÉ DES MOTIFS

Cette loi répond à une des plus légitimes exigences du peuple belge. De même que nous avons droit à la réparation pécuniaire de tous les dommages que nous avons subis, de même nous avons le droit de prendre toutes les mesures destinées à en prévenir de nouveaux, comme aussi le droit de nous éviter l'horreur du contact journalier des criminels qui les ont commis, de garantir, pour l'avenir, la sécurité du territoire, en un mot, d'empêcher ces malfaiteurs de pénétrer de nouveau chez nous pour comploter le renouvellement de leurs forfaits.

Les atrocités dont l'Allemagne s'est rendue coupable et la brutalité inouïe dont elle fit, officiellement, étalage, rendent ses nationaux indignes de jouir, comme par le passé, d'une hospitalité dont ils ont si atrocement abusé.

Les traités les plus solennels, les assurances les plus catégoriques renouvelées encore la veille même

**

de l'invasion, les conventions de Genève et de La
Haye, toutes les idées de progrès qui faisaient la
fierté des peuples civilisés, tout ce qui était beau, bon
ou simplement humain, tout a été systématiquement
méconnu et foulé aux pieds.

Aux applaudissements du peuple allemand tout
entier, le gouvernement du Kaiser a proclamé, à la
face du monde, que ni traité ni signature, ni loi divine,
ni considération morale ou humaine, ne peuvent arrêter l'Allemagne quand son intérêt est en jeu. C'est
l'application du cri orgueilleux et sauvage : *Deutsch-
land über alles.*

Il en résulte que, pour le règlement de nos relations
avec les peuples allemands ou pro-allemands, nous
sommes avertis par eux-mêmes que leur parole et
leur signature ne les lieront pas.

Pendant quatre ans, dans notre malheureuse Belgique, le massacre, le pillage, l'incendie, la déportation
en esclavage et la dépopulation ont été une œuvre
perpétrée de sang-froid, administrativement, savam-
ment. Et du pays le plus prospère et le plus paisible
du monde, un peuple de barbares n'a laissé que des
ruines, des régions entières sans habitants et un res-
tant de population réduite aux limites extrêmes de la
débilité.

De tant de crimes monstrueux commis en Belgique
et qui sembleraient ne pouvoir s'expliquer que par la
folie homicide et le sadisme, les Allemands et leurs
alliés sont tous, individuellement coupables. En effet,
en aucun moment, dans aucune assemblée, dans
aucune ville ou hameau, pas plus, du reste, à l'étranger qu'en Allemagne ou en Autriche-Hongrie, pas une
seule voix allemande, pas une seule ne s'est élevée
pour protester contre tant d'horreurs. Bien loin de là.
Tandis que leurs soldats exécutaient, ici, avec un plai-
sir et un entrain non dissimulés les ordres les plus

horribles de leurs officiers, leurs villes exultaient, là-bas, à l'annonce de ces massacres et insultaient encore aux victimes.

Lorsqu'en septembre 1914, les malheureux habitants de Louvain, de Dinant et d'ailleurs, hommes, femmes et petits enfants, mourant de faim, de froid et de privations, étaient chassés, à coups de crosses, comme du bétail, par les rues de Cologne et d'autres villes allemandes, partout les femmes et les enfants des Allemands les huaient, les frappaient et leur crachaient au visage.

Et deux ans après, quand les lamentables et longues théories d'esclaves belges, hommes, jeunes gens et jeunes filles, affamés et exténués, étaient condamnées à traverser les localités allemandes, elles ne rencontraient, partout, qu'injures et avanies. Existe-t-il une seule mère allemande qui ait manifesté sa pitié ?

Quand l'on introduisit en Allemagne les meubles, machines, objets industriels des usines, etc., volés administrativement en Belgique, tous se ruèrent à la curée, depuis les membres de la maison impériale jusqu'à la plus humble famille ouvrière.

Et pourquoi tout cela ? Quels torts leur avions-nous faits, nous Belges à ces Allemands ? Nous les avions toujours accueillis en amis et ils vivaient chez nous aussi tranquillement et plus librement que chez eux. Leurs sentiments anti-humanitaires sont le résultat délibérément poursuivi depuis quarante ans, par les gouvernements allemands, de leur éducation officielle. Les Allemands sont tels qu'ils se sont faits, tels qu'ils ont voulu se faire, tels qu'ils sont fiers d'être : des êtres anormaux et dangereux pour l'humanité.

Du reste, est-il possible d'admettre que, demain, ils puissent venir tranquillement se pavaner parmi nos ruines et nos tombes brisées, et insulter, en notre présence, à nos deuils et à nos misères ?

Pourrions-nous supporter de vivre en commun avec nos bourreaux, dont les cœurs brûleront encore de l'intense désir de recommencer, chez nous, la série interrompue de leurs atroces pratiques?

L'expérience a démontré, qu'en temps de paix, les Allemands, chez nous, n'étaient tous, en réalité, que des espions, recueillant les renseignements nécessaires pour assurer la ruine des familles dont ils recevaient l'hospitalité. Cette leçon a été payée de trop de sang et de trop de larmes pour qu'elle puisse jamais être oubliée.

Du reste, la juste exaspération du peuple belge ne permettrait pas aux autorités d'assurer suffisamment la sécurité de cette racaille qui a écœuré le Droit!

Où est la Cour d'Assises qui, en cas de représailles, voudrait ou pourrait rendre un verdict de culpabilité? La conscience des jurés ne se révolterait-elle pas?

De cette situation possible résulteraient des conflits dont la diplomatie des puissances centrales se servirait avec avidité pour remettre constamment en danger notre tranquillité et notre indépendance.

Nous estimons donc qu'il est de toute nécessité que l'un des premiers soins de la Législature soit de prendre des mesures pour prévenir un nouvel envahissement du pays par l'élément pro-germain. Un résultat immédiat de pareille loi sera de soulager l'opinion publique et de tranquilliser les esprits.

Les Belges n'ont jamais pratiqué l'espionnage. Nos autorités n'ont jamais ordonné de massacres, et les mains de nos soldats ne sont pas teintes du sang des petits enfants et d'autres victimes civiles inoffensives. C'est que le penchant naturel à l'espionnage, à la cruauté, au mépris du droit, de la vie et des sentiments du prochain, est inconnu au peuple belge. Toute notre histoire en est la preuve éclatante.

Il en résulte que les dispositions restrictives de

notre loi ne sauraient justifier la réciprocité, de la part de cette race méprisée. A l'avenir, ce seront donc nos nationaux qui se rendront en Allemagne pour tout ce qui concerne les relations commerciales, en tant que ces relations seront indispensables.

De relations d'amitié, il ne saurait jamais plus être question. Mais des relations commerciales pourront être renouées par les Belges circulant en Allemagne comme par les Allemands autorisés, par la loi, à venir en Belgique. Nos sentiments d'animosité et de légitime appréhension n'étant pas constamment ravivés par le contact forcé de nos anciens bourreaux, ces rapports d'affaires et de voisinage pourront, peut-être, à la longue, contribuer à amener un changement dans nos dispositions. Mais ce ne sera jamais avant que l'Allemagne n'ait définitivement fait le sacrifice de sa « kultur » actuelle et de son orgueil de race que tous les peuples civilisés ont en horreur et en dégoût. La Belgique est une terre que les Allemands et leurs alliés ont fermée à leurs entreprises.

Notre loi a donc pour but de restreindre, dans les limites indispensables, l'accès du territoire belge à nos bourreaux de l'Europe centrale et à une catégorie de Belges connus sous le nom « d'activistes! »

ARTICLE PREMIER

Sont indésirables :

Tous les individus, âgés de plus de quinze ans, de naissance ou de nationalité Allemande ou Austro-Hongroise Bulgare, ou Turque, à l'exception des personnes visées par l'article 3 ci-après, et des femmes de Belges.

Nous proposons le terme « Indésirables », pour désigner tous ceux auxquels s'appliquera la présente loi.

Ce terme exprime, en effet, le plus adéquatement possible, la nature des sentiments qui nous dictent le présent projet de loi. Il n'a rien d'injurieux en lui-même. Certaines législations américaines l'ont adopté avec succès depuis longtemps, précisément parce qu'il constitue une expression juridique d'une exactitude absolue.

De même, l'article premier vise aussi tous les sujets originaires des pays ennemis, qui habitent encore aujourd'hui d'anciens pays d'annexion (Alsace-Lorraine, Schleswig, Trentin, Pologne, Bosnie-Herzégovine, ou ailleurs), quelle que soit la nationalité actuelle de ces contrées. Toutes les considérations de l'exposé des motifs s'appliquent à ces personnes.

Nous n'avons pas à nous préoccuper des mesures de précaution que les autres nations seront obligées de prendre à l'égard de leurs nouveaux sujets des pays recouvrés. Dans ces pays d'annexion, vivaient, côte à côte, des populations dont la « kultur » est essentiellement contraire à nos conceptions humanitaires, et d'autres qui gardaient, plus vives que jamais, leurs aspirations vers leur patrie d'origine. Autant il nous faut chaleureusement accueillir ceux-ci en frères d'infortune, autant il nous faut éviter, avec ténacité, l'intrusion des premiers.

Ce sera au gouvernement à se mettre diplomatiquement en rapport avec les puissances intéressées en vue des mesures à prendre à l'égard des habitants de ces territoires.

En outre, la loi ne tient compte que de la naissance, sans se préoccuper des modifications apportées par une naturalisation quelconque. Sans cela, nous reverrions cette même nuée d'étrangers qui prépara notre ruine en 1914, nous revenir, dès demain, sous le couvert de naturalisations Suisses, Hollandaises ou autres. Depuis l'invasion de 1914, c'est par milliers que, chaque mois, des Allemands se faisaient notamment naturaliser Suisses. Il n'est pas inutile de rappeler que les sujets allemands conservent une double nationalité, leur nationalité allemande et leur nationalité nouvelle.

Il n'y a évidemment pas à se protéger contre les enfants mineurs. Nous avons fixé l'âge de 15 ans comme limite. Dès cet âge, le danger de l'espionnage peut commencer à se faire sentir.

Il n'est pas superflu, non plus, de faire observer que la présente loi ne fait nullement obstacle au droit que possède déjà le gouvernement d'expulser tout étranger dont la présence sur notre territoire pourrait en troubler la tranquillité.

Il va de soi qu'une femme d'origine belge qui aurait pendant ou depuis la guerre épousé un ennemi, loin de mériter une faveur de la loi belge, doit au contraire être considérée comme traître à sa patrie. Qu'elle reste hors de notre pays ; elle est indigne d'y rentrer ! Elle s'est rendue indésirable de par sa nationalité nouvelle.

Force nous est de considérer comme une des nôtres

une personne indésirable de par sa naissance, mais qui épouse un belge.

Mais cette fiction ne saurait plus s'appliquer à la femme divorcée d'un belge. Elle redevient ce qu'elle était avant son mariage. Cette règle peut se relâcher, cependant, si elle a la garde des enfants, et pour autant qu'elle continue à résider exclusivement en Belgique ou ailleurs que dans un pays d'indésirables.

La veuve d'un belge, au contraire, reste belge, si elle était de naissance indésirable.

Mais elle perdra cette qualité si elle retourne habiter un pays d'indésirables, qu'elle ait ou non gardé d'enfants de son mariage.

ARTICLE II

Sont rapportées et sans effet toutes les naturalisations octroyées antérieurement à des sujets de naissance Allemande, Austro-Hongroise, Bulgare ou Turque, encore vivants sauf celles visées en l'art. 3 de la présente loi.

Notre désastreuse expérience a établi que les sujets allemands ou austro-hongrois n'ont jamais considéré les naturalisations que comme des moyens commodes de faciliter leur commerce et leur espionnage à l'étranger. La naturalisation n'était pas, de leur part, une marque de sympathie pour un nouveau pays d'adoption. Bien au contraire, ils gardaient, par-dessus tout, leur nationalité d'origine et leurs aspirations antérieures, et ils ne se firent faute de servir contre nous dans les rangs de nos ennemis, de fournir à ceux-ci tous les renseignements militaires qu'ils pouvaient découvrir, de faciliter, de toutes les façons, la marche des armées ennemies et d'aider celles-ci à ruiner notre pays et à le vider de ses habitants.

Force nous est de leur assimilier les Bulgares et les Turcs, leurs dignes alliés et leur émules en cruautés et en tous les crimes. Sans cela, ces derniers ne manqueraient pas de jouer le rôle d'espions, à la solde de l'Allemagne.

Cet article est l'une des deux dispositions essentielles de la présente loi. Son effet est rétroactif. En principe, toutes ces naturalisations sont abolies. Celles qui resteront valables ne formeront qu'une bien minime exception.

***

ARTICLE III

Peuvent conserver leur qualité de Belges, s'ils n'ont aucune résidence en Allemagne, Autriche-Hongrie, Bulgarie ou Turquie, et moyennant de se conformer à l'art. 4 :

1° Les naturalisés qui ont combattu dans les rangs de l'armée belge ou dans ceux d'une des armées alliées durant la guerre de 1914-1919.

2° Ceux dont les enfants ont, dans cette guerre, combattu dans les rangs d'une de ces armées ou servi comme infirmières dans les armées alliées.

3° Ceux dont aucun fils n'a servi, durant la guerre, dans une armée ennemie et dont aucun enfant n'a épousé d'indésirable, lorsqu'au moins une des filles a déjà épousé, à la date de la présente loi, un belge ou un allié non réfractaire aux lois de la milice.

Cet article comprend les seules exceptions admises au principe de l'indésirabilité.

Il se justifie par le fait que quelques naturalisés ont fait preuve d'une irréprochable loyauté qui procédait, par conséquent, d'une assimilation réelle aux sentiments de leur nouvelle patrie. Il convient d'autant plus d'en tenir compte que ces cas ont été excessivement rares.

Nous considérons les trois cas ci-dessus comme les seuls qui prouvent l'existence de sentiments belges d'une façon indiscutable.

Il peut certainement se présenter des cas où ces anciens naturalisés peuvent avoir autrement prouvé la sincérité de leurs sentiments patriotiques belges. Mais il est à remarquer que rien n'empêche ces personnes de demander une autorisation nouvelle. Celle-ci ne leur sera évidemment octroyée que dans les circonstances qui constituent des preuves tout à fait probantes.

Il va de soi que les enfants de naturalisés qui ont combattu pour la cause belge ou alliée resteront belges alors même que leurs parents auraient perdu cette qualité.

Les naturalisés qui ont des fils trop jeunes ou des filles non mariées font précisément partie de ces indésirables qui sont expressément visés par notre loi.

Il pourra se faire qu'un autre enfant de naturalisé, resté belge, en vertu du 3° ci-dessus épouse plus tard un indésirable. La conséquence en sera que les parents perdront le bénéfice de la naturalisation. Sa rupture avec toute influence allemande n'est plus du tout garantie.

ARTICLE IV

Néanmoins, pour conserver leur nationalité belge, ils devront faire, dans les trois mois de la mise en vigueur de la présente loi, une déclaration en ce sens à l'officier de l'état-civil de la commune de leur résidence, ou au consulat belge de leur district.

Cet article a pour but de lever le dernier doute. De tels événements ont bouleversé toutes les idées, désorganisé tant de familles, qu'il pourrait se faire que d'anciens naturalisés qui seraient en droit de se prévaloir de leur qualité de Belges, aient quitté le pays sans esprit de retour ou qu'ils aient l'intention de le quitter.

La loi exige donc une déclaration formelle. Cette démarche bien facile, et n'entraînant aucuns frais, fera connaître aux autorités belges quelles seront les naturalisations qui continueront à produire leurs effets. Elle permettra aussi de vérifier si les déclarants se trouvent dans les conditions prescrites.

Le Gouvernement sera donc ainsi, au bout de quelques mois, en possession de la liste complète des familles qui auront définitivement conservé notre nationalité.

ARTICLE V

Toute naturalisation peut être rapportée par Arrêté royal, si le naturalisé vient à porter préjudice à la tranquillité publique ou à la sûreté du pays.

Malgré toute la circonspection que le législateur y mettra à l'avenir, il se glissera encore, parmi les naturalisés, des gens qui chercheront à abuser de notre hospitalité. Il n'est pas bon que la naturalisation reste absolument et dans tous les cas un droit qui ne puisse être enlevé. Plus que tout autre, un naturalisé doit se montrer circonspect et digne d'être Belge, et chercher à se rendre utile et non désagréable à sa patrie d'élection.

Il faut donc que nous puissions dépouiller des bénéfices de son adoption tout naturalisé qui se sera montré indigne, ou suspect d'espionnage, ou dangereux.

Ne les avons-nous pas vus, ces prétendus Belges, transformer leurs caves en magasins d'armes, poser dans leurs parcs des fondations en béton soigneusement préparées, guider les officiers étrangers dans des tournées d'études stratégiques, renseigner les autorités allemandes sur toutes les ressources des communes, etc.

Qui jugera du point de savoir quand il y aura nécessité de prononcer ce retrait de naturalisation?

Il est juste qu'il faille une loi pour créer un Belge. Il s'agit, en effet, de faire entrer un étranger dans notre famille belge, et il est donc naturel que toute la famille soit consultée à ce sujet. Cela fait, les membres de la famille peuvent s'en rapporter à leur chef pour surveiller la conduite de ce nouveau parent. Quelque favorable que puisse être l'impression première produite par un nouveau venu, la leçon du passé a été si terrible qu'il est désirable que l'assimilation ne soit pas trop brusque et qu'une certaine surveillance s'exerce.

Ce sera le rôle du pouvoir exécutif. D'autre part, il se comprend facilement qu'il faille moins de formalités pour retirer une faveur que pour l'accorder, et que le chef de la nation, à lui seul, puisse, pour des motifs graves qu'il est le mieux à même de connaître avec précision, retirer une faveur accordée par le pouvoir législatif, mais dont, postérieurement, le bénéficiaire a cherché à abuser.

Réserver, en effet, aux Chambres le soin d'examiner les cas suspects, c'est ouvrir la porte à des débats plus ou moins longs et publics sur des sujets délicats ou même dangereux pour la sécurité du pays.

Nous proposons de charger le Roi de la surveillance des naturalisés et du droit de rapporter une naturalisation. Cela nous semble logique et indispensable.

Il n'en résultera aucun conflit entre les deux pouvoirs puisque l'initiative du Roi se basera sur des faits postérieurs à la naturalisation accordée par le pouvoir législatif.

Remarquons, enfin, que l'article 5, quoique compris dans une loi spéciale concernant les indésirables d'une catégorie spéciale, a cependant une portée plus étendue et s'applique à toutes les naturalisations quelconques. Il n'y a, en effet, logiquement parlant, aucun motif pour faire une distinction, et tout ce que nous venons de dire peut s'appliquer à tous les naturalisés, quelle que soit leur patrie d'origine. Il y a d'autant moins à faire des distinctions que certains gouvernements et certains indésirables, ne parvenant plus à s'introduire eux-mêmes à demeure chez nous, chercheront, parmi les sujets d'autres nations, des gens qui solliciteront des naturalisations pour faire cette malfaisante besogne sous leur direction. Si donc une distinction était admise, le but de la présente loi ne serait pas atteint.

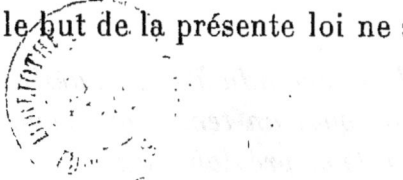

ARTICLE VI

*Il est défendu à tout indésirable de séjourner en Bel-
gique, pour un temps quelconque, sans une permission
spéciale et préalable du Roi.*

*La durée de ce séjour ou celle de l'ensemble de plu-
sieurs séjours ne pourra excéder 35 jours par an.*

*Les intéressés auront à se soumettre à toutes les mesu-
res de surveillance et de police qui seront édictées à leur
égard.*

L'article VI détermine le second objet de la loi contre
les indésirables : les conditions de leur séjour en Belgique.

Nous ne pouvons pas défendre d'une façon absolue
l'accès de notre pays à tous les indésirables. Beaucoup
d'entre eux ont en Belgique, depuis une époque anté-
rieure à la guerre, des parents qu'ils peuvent avoir
besoin de visiter. Les nécessités de la production et du
commerce ne nous permettent pas de nous isoler complètement du côté de l'Allemagne. De par sa situation
géographique, la Belgique est un pays de passage que
les nations doivent pouvoir traverser sans ennuis. Les
localités-frontières auront toujours forcément avec leurs
voisines des rapports créés par le voisinage même,
qu'ils ne sauraient rompre.

Notre but est uniquement de limiter l'accès de notre
pays aux cas de stricte nécessité.

La question de savoir quelles mesures il y aura lieu
de prendre est tellement complexe qu'il est impossible
à la loi de les résoudre en détail. On ne saurait tracer
des règles fixes. Ce sont là des matières qui rentrent

essentiellement dans les attributions de la police gouvernementale.

Déjà l'application des articles suivants restreindra, dans d'énormes proportions, le nombre des indésirables qui auront encore besoin de résider chez nous.

Les autorisations à demander à nos agents consulaires, les registres des hôtels, la délimitation de zones interdites, le visa des permis de circulation, les passeports, etc., et toutes autres mesures de ce genre sont du ressort de la police et permettront une surveillance sérieuse de nature à tranquilliser la susceptibilité du public Belge.

Dans l'intérêt du Gouvernement lui-même et pour lui éviter des sollicitations parfois trop puissantes, nous avons indiqué la limite de ces permis de séjour. Un indésirable ne pourra pas séjourner, en Belgique, pendant plus de 35 jours par an. C'est une limite qui ne pourra jamais être dépassée. Elle est assez large pour permettre d'exécuter tous les voyages que pourront exiger les nécessités de l'industrie et du commerce, celles de la famille ou de la santé.

Toute cette durée de 35 jours n'est pas un droit, mais une limite extrême.

Une permission octroyée pourra toujours être rapportée.

ARTICLE VII

Il est défendu à tout indésirable de, soit directement, soit indirectement :

1° Acquérir en Belgique, autrement que par succession, des immeubles ou des droits immobiliers ;

2° D'y contracter un bail, excédant la durée du permis de séjour;

3° D'exercer à demeure un commerce quelconque, même par l'intermédiaire d'un agent belge;

4° D'être employé à un titre quelconque dans une maison de commerce ou chez un particulier;

5° De donner l'enseignement;

6° D'être intéressé dans des Sociétés commerciales, soit comme directeur, administrateur, soit à un autre titre quelconque, ou d'y exercer un droit de vote comme actionnaire ou obligataire, ou à tout autre titre quelconque.

Aux articles VII et suivants de notre projet de loi, nous cherchons à résoudre la question des droits que les indésirables peuvent avoir à exercer chez nous.

Avec l'interdiction de séjour, celle d'avoir, en Belgique, un centre d'affaires constituera contre une invasion nouvelle d'indésirables la barrière la plus efficace. Dans le désarroi passager du commerce et de l'industrie nationales, ce sera, en même temps, une mesure de protection contre un concurrent sans pudeur.

En effet, durant l'occupation allemande, le plus grand nombre de nos usines furent dépouillées de toutes leurs machines. Celles-ci furent expédiées en Allemagne et, dans l'ivresse de leur triomphe éphémère, les grandes associations commerciales Allemandes proclamèrent que ce pillage avait pour but de nous mettre, dans l'avenir, dans l'impossibilité de produire ce dont nous avions besoin, d'être obligés, en tous cas, de leur acheter à eux-mêmes nos nouvelles installations, et de faire ainsi de nous des clients obligés de l'Allemagne. A un cynisme aussi déconcertant, il n'y a qu'une réponse à faire : reprendre en nature toutes ces installations volées et mettre l'industrie Allemande, autant que possible, hors d'état de nous supplanter chez nous, comme elle se le proposait.

On remarquera que chacune de ces dispositions est dictée par la découverte de pratiques déloyales constatées dès le début des hostilités, en 1914.

On a trouvé dans les immeubles appartenant ou loués à des Allemands ou à des sociétés d'influence Allemande, des plates-formes en béton armé prêtes à recevoir les canons ennemis, des caves servant de magasins d'armes. Les bureaux de nos grandes maisons de commerce allemandes étaient d'actifs centres d'espionnage où pullulaient des officiers et agents allemands. Nos bonnes d'enfants, nos nourrices et nos garçons de café renseignaient leur gouvernement sur les habitudes, les ressources et les relations de leurs maîtres et de leurs clients. On a vu des professeurs, hommes ou femmes, aussi bien les religieux que les civils, enseigner aux enfants l'admiration pour la kultur allemande, et aux débuts de la guerre, on les a entendus, devant les petits enfants dont le père ou le frère mouraient en soldats pour la patrie, dire que la Belgique avait mérité son sort pour n'avoir pas laissé les armées allemandes passer librement par son territoire.

Bref, la Belgique ne doit plus être la terre promise des espions allemands de tout âge, de toute robe et de tout sexe.

Les grandes banques et sociétés allemandes maritimes et autres ont déjà, au cours même de la guerre, institué des organismes dont le but sera, après la guerre, de réinstaurer l'ancienne influence commerciale allemande dans tous les pays du monde. Ses agents rechercheront les affaires et tendront à s'ingérer dans la direction des affaires en pays étrangers, en y acquérant des actions et obligations de sociétés nationales. C'est le but, notamment, de la « metalwerkersgesels-chap » et probablement celui d'autres encore.

La Belgique sera la première contrée où l'influence de cette propagande germanique cherchera à s'implanter. La dernière disposition de l'article VII a pour but d'empêcher cette infiltration allemande.

Cela posé, les différents paragraphes de l'article VII se justifient d'eux-mêmes. Les termes sont assez précis, pensons-nous, pour ne nécessiter aucun autre commentaire.

ARTICLE VIII

Les droits successoraux que les indésirables pour-
raient recueillir en Belgique, et qu'il est défendu d'y
exercer en vertu d'une des dispositions de l'article VII,
seront réalisés par un liquidateur désigné par le Prési-
dent du tribunal civil du lieu de l'ouverture de la suc-
cession, soit d'office, soit sur la requête de la partie la
plus diligente ou du ministère public, et sous le contrôle
de ce magistrat.

Les pouvoirs du liquidateur et sa gestion seront ceux
d'un curateur de faillite. Il sera soumis à la compétence
du tribunal civil, sauf en cas de contestation commer-
ciale.

Si la succession est ouverte en Allemagne, le pouvoir
ci-dessus sera dévolu au Président du Tribunal civil de
la situation des biens en Belgique.

Cet article est le complément de l'article VI.

Si un indésirable recueille, dans une succession, des
immeubles, des hypothèques, des baux, un fonds de
commerce, des actions industrielles, etc., il faut que de
promptes mesures soient prises pour régulariser la
situation et réaliser ces biens.

Il ne saurait être question de s'en remettre, sur ce
point, à la discrétion de l'indésirable. Les discussions,
en matières successorales, soulèvent parfois des pro-
cès de très longue durée. L'indésirable pourrait les
traîner en longueur, en susciter là où ils pourraient
être évités, ne pas vendre sous prétexte que le prix
offert ne serait pas suffisant, continuer un commerce
au lieu de le liquider, etc... Et, dans l'intervalle, il

pourrait s'ingérer dans l'Administration et la disposition de ces biens en Belgique.

Le liquidateur, au contraire, comme un curateur de
faillite, fera faire inventaire, vendra et terminera, au
plus tôt, sous le contrôle du Président.

Il consignera la part de l'indésirable, lui remettra
ses meubles, mettra fin aux baux, en agissant toujours
au mieux des intérêts de l'étranger. L'indésirable aura,
en cette matière, les recours qui appartiennent au
failli.

Cette liquidation sauvegardera donc, en même temps,
les droits régulièrement acquis chez nous par l'étranger, et les justes exigences de notre pays.

ARTICLE IX

Les commissaires de police et les bourgmestres ou leur délégué spécial ont le pouvoir de pratiquer, d'office, des perquisitions dans les lieux où se trouvent soit des indésirables, soit des objets leur appartenant ; ils ont l'obligation d'arrêter les indésirables en cas d'infraction à la présente loi ou aux règlements édictés pour son exécution.

En cette matière, il s'agira toujours d'individus suspects et dangereux en principe, n'ayant, chez nous, aucune résidence fixe, et, pour tenir la preuve d'un délit soupçonné, il y aura toujours lieu d'agir immédiatement.

L'article 9 donne un droit spécial de perquisition. Celle-ci ne se bornera pas aux seuls effets de l'indésirable ni aux seuls appartements loués ou occupés par lui, mais elle pourra se pratiquer dans tout l'immeuble, n'en occupât-il, officiellement, qu'une partie. Il ne faudra pas de mandat du juge d'instruction. Il appartiendra aux personnes qui hébergeront des indésirables de veiller à ce que la conduite de leurs hôtes ne donne lieu à aucun soupçon.

En fait, les immeubles visés seront, principalement, des hôtels ; et là, il ne serait pas difficile, pour les indésirables en défaut, de déposer leurs papiers ou leurs objets dans l'appartement d'un complice.

En outre, quand ils découvriront que l'indésirable est en défaut de remplir les conditions requises pour son séjour en Belgique, ces mêmes fonctionnaires devront le mettre en état d'arrestation immédiate.

Comme les indésirables n'ont, en principe, le droit

de se trouver en Belgique que pour autant qu'ils se soient conformés aux règlements spéciaux qui les concernent, l'arrestation de tous ceux qui sont en défaut doit être la règle.

ARTICLE X

Toute condamnation d'un indésirable du chef d'une infraction à la présente loi ou aux règlements faits pour son application, pourra entraîner la confiscation de ses meubles ou effets, comme de ses immeubles ou droits immobiliers, en Belgique.

Dès qu'un procès-verbal aura constaté une de ces infractions, le Président du tribunal civil pourra nommer un séquestre chargé de prendre toutes les mesures qu'il jugera nécessaires pour sauvegarder les droits éventuels du Trésor.

Toutes conventions préjudiciables à ces droits éventuels, intervenues depuis le procès-verbal, sont inexistantes.

*

Puisque la loi défend d'acheter des immeubles ou d'exercer le commerce, etc., la conséquence logique, en cas d'infraction, sera la confiscation, au profit du Trésor, des biens illégalement acquis.

Cette confiscation ne doit cependant pas avoir lieu de plein droit. On peut avoir traité de bonne foi avec l'indésirable, ou avoir ignoré l'origine étrangère du co-contractant. Confisquer, en ce cas, un bien dont le prix peut n'avoir pas été payé, serait prononcer une peine qui ne frapperait qu'un Belge innocent.

La contravention constatée à charge de l'indésirable pourrait n'avoir violé qu'une disposition accessoire d'un règlement, n'être par exemple qu'un simple retard dans la remise des papiers d'identité aux autorités locales. Confisquer les effets d'un indésirable à cause d'une simple négligence ou d'un pur oubli, sans plus, serait édicter une peine hors de proportion avec le peu de gravité de l'infraction.

Nous n'avons pas la mentalité des gouverneurs allemands.

Nous proposons de laisser au tribunal qui jugera de l'infraction le soin de savoir s'il y a lieu de prononcer la confiscation des biens de l'indésirable ou de tout ou partie de ceux-ci.

Quant au ministère public, il provoquera évidemment la nomination d'un séquestre s'il estime l'offense suffisante pour entraîner éventuellement une confiscation. En cas de doute, il agira.

Les pouvoirs du séquestre se borneront aux mesures de simple conservation.

Parmi celles-ci, il faut comprendre la nomination d'un liquidateur, s'il y échet, conformément à l'article VII ci-dessus.

ARTICLE XI

Les droits conférés à un indésirable contrairement à l'article VII profiteront au Trésor.

Les personnes qui auront traité avec un indésirable n'auront aucun recours contre le Trésor pour le paiement des sommes encore dues par l'indésirable, pour l'exécution de ces contrats, à moins qu'elles ne puissent établir qu'elles ont agi de bonne foi et dans l'ignorance complète de la nationalité de leur co-contractant.

Ils sont vraiment impardonnables ceux qui, après tout ce qu'ils ont souffert, consentent à traiter avec nos bourreaux, malgré la défense de la loi.

Si, par exemple, un Belge a loué son immeuble à un indésirable non autorisé à résider en Belgique, ou pour une durée excédant son permis de séjour, le bénéficiaire du bail sera le Trésor qui exercera ses droits par l'intermédiaire du séquestre, sans avoir à payer de prix de location, même si l'étranger ne l'avait pas payé ou ne l'avait payé qu'en partie.

Cette disposition a pour but d'éviter que des habitants se laissent tenter à traiter avec des indésirables, sachant, qu'en cas de découverte, il ne saurait en résulter, pour eux, aucun préjudice. Ainsi, s'il s'agit de la vente d'un immeuble dont le prix n'aurait pas été complètement payé, le Trésor n'aura à payer ni le prix encore dû, ni aucune des charges stipulées au contrat.

ARTICLE XII

Il est défendu à tout habitant du royaume de servir d'intermédiaire, à tout officier public de prêter son ministère, pour des actes de nature à conférer à des indésirables des droits prohibés par la présente loi.

Cet article n'a besoin d'aucun commentaire. Sa sanction est prévue par l'article suivant.

Les tribunaux auront à juger d'après les circonstances si les faits reprochés au Belge ont constitué celui-ci co-auteur ou simplement complice du crime ou du délit commis par l'indésirable. A cet effet, ils se guideront d'après les distinctions établies par le Code pénal Belge.

ARTICLE XIII

Les infractions à la présente loi seront passibles de peines correctionnelles, indépendamment des confiscations prévues et sans qu'il puisse être fait application de l'article 85 du Code pénal et de la Loi du 4 août 1867 sur les circonstances atténuantes.

En cas de récidive, la peine ne pourra être inférieure à huit jours d'emprisonnement et cinquante francs d'amende.

Les co-auteurs et complices seront poursuivis et condamnés conformément aux règles ordinaires du Code pénal avec les aggravations ci-dessus déterminées.

Aucune peine ne pourra être prononcée conditionnellement.

La rigueur des peines ci-dessus se justifie amplement par les événements qui ont fait de notre pays la terre la plus endeuillée du monde.

Nous estimons que la peine de 26 francs d'amende, qui est la peine correctionnelle la plus douce, ne peut jamais être abaissée.

Il est impossible de n'être pas frappé de la modération des peines ici prévues quand on y compare les exécutions, les déportations, les années d'emprisonnement, les travaux forcés et les milliers de francs d'amende dont les officiers allemands et leurs tribunaux ont accablé nos nationaux pour les faits les plus anodins, sur de simples soupçons, très souvent même sans se soucier d'en faire connaître les motifs, et plus souvent encore sans autre but que de terroriser nos nationaux.

Il est certain que les gens de la « Kultur » n'auront

que du mépris pour cette sensibilité qui prouvera, dans leur mentalité, l'infériorité de notre civilisation.

Mais ces gens n'appartiennent pas à notre race, et il y a lieu de faire comprendre à ces anormaux que l'odieux d'une infraction ne se mesure pas au taux de la peine qui sert à la réprimer, mais à la nature même de cette infraction.

Puissent-ils le comprendre ! Ce serait, à la fois, une œuvre pénale et civilisatrice que la Belgique aurait faite.

ARTICLE XIV

Tout Belge qui se sera rendu coupable d'intelligence avec l'ennemi, sur le territoire belge, en vue d'attenter à la sécurité de l'État, à l'intégrité du territoire, à la transformation de ses rouages gouvernementaux ou administratifs, ou de toute autre manière, sera poursuivi comme indésirable et jugé conformément à la présente loi.

Les peines de celle-ci leur sont applicables.

Leur condamnation entraînera, non comme peine accessoire, mais comme peine principale, la peine de la dénationalisation.

L'application de cette peine est obligatoire pour les tribunaux, dès qu'ils jugeront que le prévenu s'est rendu coupable de l'une des infractions prévues au paragraphe premier de cet article.

La dénationalisation entraîne l'expulsion du territoire belge, pour une durée à déterminer par le tribunal, mais qui ne pourra être inférieure à cinq ans, ni excéder dix ans.

Le dénationalisé, après l'expiration de la peine qu'il aura encourue en qualité d'indésirable, sera immédiatement conduit à la frontière qu'il indiquera, mais qui devra être autre que celle de l'Allemagne, dont le territoire lui est interdit pendant toute la durée de son expatriation.

Après cinq ans, il pourra demander sa réhabilitation devant le tribunal qui aura prononcé sa condamnation, et seulement dans le cas où il fournira des preuves patentes d'amendement.

L'appréciation de ces preuves est laissée souverainement aux tribunaux.

L'individu réhabilité recouvrera, de plein droit, son ancienne nationalité belge.

Les dispositions du présent article rétroagissent au 1er août 1914.

L'action publique n'est soumise en ce qui concerne le délit qui entraîne la dénationalisation à aucune prescription.

Hélas ! Nous avons, nous aussi, nos Judas. On a vu des Belges dénoncer les actes patriotiques de leurs compatriotes, faire cause commune avec les massacreurs, les aider à subjuguer le pays, s'offrir à dominer la Belgique, en leur nom !

On les a vus fraterniser et banqueter avec les Allemands.

Ces dénonciateurs, et ces activistes, flamands ou wallons, seront punis, dès la libération du territoire. Mais une répression pénale momentanée et passagère est insuffisante. Le temps passe et fait oublier bien des iniquités.

Nous proposons qu'une peine leur soit appliquée qui soit de nature à les dénationaliser. — Qu'ils gardent leur stigmate pro-allemand ! Indésirables au même titre que leurs maîtres, qu'ils soient, comme ceux-ci, expulsés de notre territoire, tout au moins pour un certain temps, et jusqu'au jour où ils auront donné des preuves d'amendement jugées suffisantes.

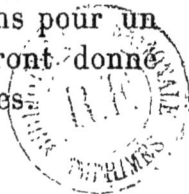

LA CHAPELLE-MONTLIGEON (ORNE). — IMP. DE MONTLIGEON. — 8953-18.

www.ingramcontent.com/pod-product-compliance
Lightning Source LLC
Chambersburg PA
CBHW060508210326
41520CB00015B/4142